AF224277

I. PALLE

LA FIN

DES

GRÈVES

VADE MECUM

DU

PATRON ET DE L'OUVRIER

Devine ou je te dévore!...
(*Sphinx*).

DEUXIÈME ÉDITION

AVEC PRÉFACE ET NOTES INÉDITES

Prix : 50 Centimes

PARIS

ARM. LE CHEVALIER, ÉDITEUR

61, RUE RICHELIEU, 61

1872

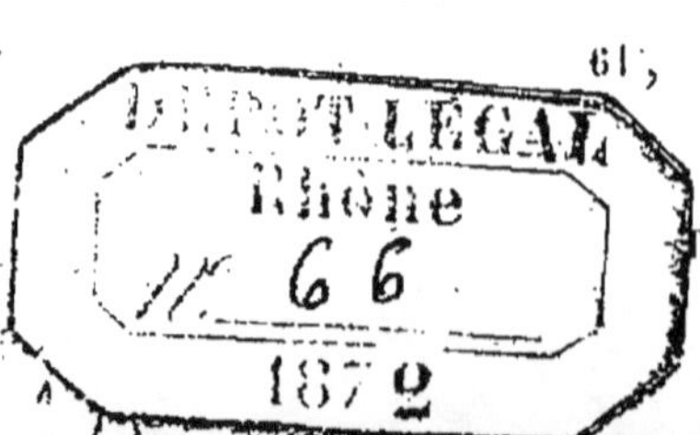

PRÉFACE

DE LA DEUXIÈME ÉDITION

En lançant cette nouvelle édition, je dois, ce semble au public, de répondre aux deux questions suivantes :

1° *Le but de conciliation que se proposait l'auteur est-il atteint ?*

2° *Ce travail publié en 1869 a-t-il perdu de son actualité ?*

Sur le premier chef, il y a lieu de croire que mes visées ont porté juste. Consulté fréquemment sur l'organisation des grèves, je n'ai jamais vu les ouvriers intelligents, réfractaires aux conseils que renferme cette brochure ; n'eût-elle fait éviter qu'une seule grève que j'y verrais une récompense suffisante.

D'autre part, ç'a été une vive satisfaction d'apprendre que des chefs d'industries diverses distribuaient dans les ateliers, les chantiers, etc. une brochure qui, en fin de compte, plaide le droit des ouvriers (1).

Cela explique l'écoulement, en quelques semaines, de la première édition.

Venant à l'autre question, à savoir si cette étude n'a rien perdu de son actualité, il saute aux yeux qu'en aucun temps elle ne fut plus opportune.

On a vu surgir quelques publications sur le même sujet; mais, pour faire aux travailleurs la place qui leur convient, elles ont généralement le tort grave d'imposer un plan de refonte de la société — semblables à cet astronome qui, par respect pour ses calculs, refaisait le système planétaire.

Qu'a-t-on vu encore? Les discussions publiques sur les questions ouvrières qui firent tant de fracas vers la fin de l'empire, n'avaient d'autre but que d'envenimer la lutte; elles n'y réussirent que trop. On a su depuis qui payait ces insanités. — Après vint la Commune affolée qui fit de l'économie politique empirique. Tout cela ne saurait prévaloir contre les saines doctrines, ne prouve rien contre la liberté, mais ne résout rien non plus.

C'est alors que se révèle une nouvelle puis-

(1) Voir à la dernière page (note c).

sance qui est l'épouvantail des gouvernements aux quatre points cardinaux : l'*Internationale*. — A qui la faute ?

Il est écrit que nous retarderons toujours d'un demi-siècle sur les autres pays. La liberté d'association, de réunion et les caisses de secours en cas de grèves existent partout excepté en France. Aussi, qu'arrive-t-il ? Quand les ouvriers ont décidé qu'une grève aura lieu, ils cherchent un appui et des secours au dehors ; — et l'on s'étonne de l'influence de l'Internationale !

Qu'arrive-t-il ? La compagnie ubiquiste fausse le plus souvent la balance de l'offre et de la demande, en jetant dans l'un des plateaux le levier de sa politique, comme Brennus faisait son épée.

Le gouvernement de la République songe-t-il au moins à compléter la loi sur la liberté des coalitions en légiférant la liberté d'*association* ? — Point ! J'ai sous les yeux le rapport de la commission. Elle établit en principe que « toute association pourra se constituer sans autorisation préalable ; » puis elle s'en échappe en énumérant une demi-douzaine de défenses qui visent tous les actes importants des citoyens, et notamment le fait « de provoquer, ordonner ou subventionner les grèves. » C'est la liberté de Figaro. On peut s'associer pour toutes sortes de choses à la condition de ne s'occuper de rien (a).

Ici encore point de solution, et pourtant il faut aviser, car il y a péril en la demeure.

Les grèves étant de « droit » quoiqu'en ait dit M. Dupanloup dans sa querelle avec M. Littré, il faut prendre les choses comme elles sont, se préoccuper de mener à bien les grèves et surtout de les éviter.

C'est le but de cette brochure.

Il se peut qu'on la trouve trop courte. Je sais mieux que personne ce qui y manque. Telle qu'elle est, elle résume plusieurs volumes publiés au courant du journalisme. Pour la faire ainsi j'ai eu deux raisons : la première est que les ouvriers n'ont pas le temps de lire de gros livres ; la seconde se réclame de l'exemple de P.-L. Courier qui disait : « Quand je suis long, c'est que je n'ai pas le temps d'être court. »

J. PALLE.

1er février 1872.

LA
FIN DES GRÈVES

⁓

I

LES GRÈVES QUOIQUE FUNESTES DÉRIVENT D'UN
PRINCIPE JUSTE DE REVENDICATION.

Les grèves éclatent simultanément en Europe,
sans acception de forme de gouvernement, en
Allemagne comme en Suisse, en Belgique et en
Angleterre comme en France. Pour qu'elles se
multiplient, pas n'est besoin d'un mot d'ordre
politique. Il suffit que certains corps d'état aient
vu par ce moyen améliorer leur salaire pour que
les autres fassent la même tentative.

Quoi qu'on veuille et quoi qu'on fasse, la question sociale des coalitions ouvrières est partout
en quête d'une solution sans désemparer, se posant
à la façon du sphinx : *Devine ou je te dévore !*

Les ouvriers ne nous verront jamais parmi leurs
flatteurs. Préoccupé de l'intérêt de tous, nous ne

flagornons aucune puissance. Mais tout en leur reprochant, ici ou là, leur inconscience politique, la violence qu'ils mettent parfois dans les grèves, et leur flagrante ingratitude pour le capital qui les fait vivre, nous ne saurions dissimuler qu'au fond ils poursuivent une idée juste

Ce qu'ils veulent, dans tous les pays, c'est une appréciation équitable des valeurs et des services échangés — produit pour produit — sans faveur d'aucune sorte. Voilà ce qu'ils réclament, et nous ajoutons : Voilà le droit... voilà la justice !

II

CAUSE PRINCIPALE DES GRÈVES.

Une question préjudicielle qu'on doit d'abord se faire est celle-ci : quelles sont les causes de l'insuffisance des salaires ? On peut répondre que la première cause dérive de l'augmentation incessante des loyers, des vivres, etc. — en d'autres termes, de l'impôt. L'alternance des saisons amène de bonnes et de mauvaises récoltes, qui se compensent par une moyenne, et comme disent les paysans, « après un temps vient l'autre ; » mais dans les gouvernements centralisateurs, l'impôt ne *saisonne* pas ; il augmente en tout temps. C'est dire que si la grève n'est pas d'ordinaire politique, elle n'échappe pas du moins aux influences de la politique.

Qu'on ne s'effarouche pas d'ailleurs de quelques vérités que nous ferons entendre chemin faisant : c'est une œuvre de conciliation que nous livrons au public, et pour qu'on n'en doute pas, voici les avis que nous adressions, pendant leur grève, aux ouvriers mineurs du bassin de la Loire :

III

AUX OUVRIERS MINEURS DU BASSIN DE LA LOIRE.

« Travailleurs des mines, avant de vous mettre en grève, choisissez parmi les vôtres quelques-uns des plus intelligents et surtout des plus conciliants qui prendront rendez-vous avec les directeurs et discuteront vos intérêts. Il s'agit d'une réduction de travail, c'est bien pensé; quelques heures enlevées aux pénibles extractions des puits seront mieux appliquées à la famille; et si vous les employez à vous enquérir des faits généraux de votre pays ou à augmenter votre instruction à peine ébauchée, vous deviendrez de plus en plus dignes du suffrage universel, en même temps que vous y trouverez des consolations pour supporter votre position sociale, si humble soit-elle.

« Sur la question de savoir s'il y a lieu de réviser les statuts de vos caisses de secours, vous êtes seuls juges de l'opportunité; et puisqu'il est fait une prélévation sur vos salaires, nous ne voyons pas quelle objection les patrons feraient valoir pour vous ôter la prépondérance dans le conseil d'administration.

« Mais prenez-y garde, si la grève est de droit commun, la loi défiante et restrictive mentionne des amendes, défenses, interdictions par suite d'un plan concerté pour porter atteinte au libre exercice du travail ou de l'industrie.

« On peut tomber d'ailleurs dans les manœuvres prévues par la loi. Qu'est-ce que cela... des *manœuvres?* Chaque fois qu'on nous restitue une liberté, nous voyons qu'on la flanque de ce correctif. On peut en dire ce que Pascal disait de la grâce suffisante *qui ne suffit pas :* heureux ceux qui le comprennent, plus heureux les peuples qui ne l'ont jamais connu !

« D'autre part, en organisant une coalition que la loi ne défend point, vous n'êtes pas moins dès l'instant en guerre ouverte avec les propriétaires ou directeurs des mines. Et comme les caisses de secours, en cas de grève, ne sont pas autorisées, — lacune regrettable de la loi, — il faut d'abord se demander si l'on pourra se passer du salaire qui alimenté la famille au jour la journée. Car des deux partis, patrons et ouvriers, celui-là fera la loi qui pourra durer et tenir la lutte plus long-temps.

« On vous fait une objection. Voyons ce qu'il en est : les sociétés, dit-on, en acceptant vos condi-tions, ne pourraient plus servir les intérêts des actionnaires. Ce raisonnement, qui a l'air de ta-bler sur le bon sens, gauchit de tout point. Si les frais d'extraction sont augmentés, soit par la hausse des salaires, soit par une diminution des heures de travail, le prix du combustible sera aug-menté dans la même proportion. Le propriétaire se rembourse sur l'acheteur en gros, qui se rem-bourse sur l'acheteur au détail, qui se rembourse sur le consommateur. Ici, comme partout, c'est le consommateur qui paie la plus-value, quelle qu'en soit la cause.

« Il en serait autrement si des mines inex-ploitées pouvaient entrer en concurrence. Mais, outre que les gisements se raréfient, — à tel point qu'en Angleterre on a prévu le jour, très-éloigné pourtant, de l'épuisement général des houillères, — il tombe sous le sens que les ouvriers de ces nou-velles mines organiseraient une grève pour ne pas rester dans une position inférieure à celle de leurs compagnons ; et le niveau du salaire s'éta-blirait tellement quellement.

« On dit encore que vous êtes intraitables ; nous n'en croyons rien : Dans l'enquête faite en Angleterre sur les grèves, enquête dont nous nous réclamerons plus d'une fois, M. Elliot, qui est devenu l'un des plus riches propriétaires de houillères, après avoir commencé par être simple ouvrier mineur, a émis sur ses collègues d'Angleterre cette opinion :

« *En somme, les mineurs sont une population admirable. Il n'y a pas au monde un corps plus beau et avec lequel il soit plus facile de s'entendre, pourvu qu'on sache s'y prendre.* »

« Dignité du travailleur oblige encore plus que noblesse ; les ouvriers mineurs français voudront-ils qu'on porte sur eux un tout autre jugement ?

« En résultat, après avoir examiné toutes ces questions, si vous êtes à même de vivre quelque temps, vous et les vôtres, sans rémunération ; si d'ailleurs vous êtes d'accord sur l'ensemble des revendications, de telle sorte qu'il ne soit fait aucune violence à la liberté de celui qui veut travailler, — allez ! et nous applaudirons tout des premiers si vous obtenez soit une augmentation de salaire, soit une réduction d'heures de travail dans les limbes, pour les utiliser en plein soleil... »

IV

LES OUVRIERS SONT LES PREMIÈRES VICTIMES DES COALITIONS

Les conseils adressés aux ouvriers mineurs peuvent s'appliquer à tous les travailleurs, si on les complète par les considérations suivantes :

L'entreprise d'une grève n'est pas une petite affaire. Les ouvriers en subissent tout les premiers les effets, soit par le manque de salaire, soit pas la hausse des objets de consommation. Car il saute aux yeux de tous que les grèves se généralisant, les produits haussent en proportion de l'augmentation des frais généraux. Le plus-perçu d'un côté va payer les surtaxes des autres produits.

On a fait le calcul suivant des pertes de certaines grèves en Angleterre : La grève de Preston fit perdre à 10,000 ouvriers, pendant 38 semaines, 10,675,000 fr.; celle de Padiham, (29 semaines), 435,000 fr.; celle de Colne (50 semaines), 1,386,250 fr.; celle des ouvriers en bâtiment de Londres, en 1859, (26 semaines), 8,125,000 fr.; — de sorte que s'ils eussent atteint leur but, qui était d'obtenir une augmentation d'un dixième de salaire, il aurait fallu aux ouvriers de Preston de 7 à 8 ans, aux ouvriers de Padiham près de 5 ans, aux ouvriers de Colne plus de 8 ans, et à ceux de Londres plus de 6 ans pour rentrer dans les pertes que leur auraient coûtées leurs victoires respectives. Cela se passe de commentaires, surtout si nous ajoutons que toutes ces coalitions ont échoué.

En second lieu, il n'est pas si aisé d'organiser une grève qu'il semble. Avant d'en venir là, chacun consulte les besoins immédiats de sa famille, et comme on doit laisser le travailleur libre — sage disposition de la loi — il y a souvent des dissidents au début; plus souvent encore pendant l'évolution, on voit des groupes d'ouvriers se détacher de la coalition pour retourner à leur chantier. Il faut tout prévoir.

En troisième lieu, les ouvriers, dans chaque corps d'état, devront d'autant plus redouter les concurrents que leur salaire sera plus élevé; cela est aussitôt prouvé que dit.

Enfin, la loi contient des dispositions élastiques qui manquent rarement, à l'issue des grèves prolongées, d'amener devant les tribunaux quelques-uns des initiateurs. Les exemples en sont nombreux. Faut-il ajouter que la guerre déclarée aux chefs d'industrie, provoque comme représailles la mise à pied, à la première occasion, des ouvriers qui ne sont plus nécessaires, et que les meneurs sont les premiers éconduits ?

Voilà bien des raisons pour que les ouvriers ne se mettent pas en lutte avec le capital qui les fait vivre, sans en avoir pesé les conséquences, et surtout sans avoir préalablement épuisé tous les moyens de conciliation.

V

LA LIBERTÉ DU TRAVAIL EST DE DROIT COMMUN COMME LA GRÈVE.

Il ne faut pas d'ailleurs perdre de vue qu'en tout cas la liberté complète du travail doit être maintenue. Si la loi contient des restrictions et des mots élastiques, partant mauvais qualificatifs, comme celui de « manœuvres » pouvant, selon l'interprétation, amener devant les tribunaux des travailleurs qui ont cru simplement entreprendre une coalition légale, on ne saurait nier qu'elle n'ait sagement fait de mentionner qu'en tout et partout le travail doit rester libre. Cela est de droit commun.

Quand une grève est à l'incubation on peut user de tous les moyens de persuasion, jusqu'à la menace et aux voies de fait exclusivement. Dans les pays libres comme en Suisse, il n'est pas rare que les citoyens prennent l'initiative de repousser la violence exercée contre les ouvriers dissidents qui veulent travailler. Nous sommes loin de page en cette matière. Les journaux n'ont-ils pas raconté à propos de la lamentable grève des mineurs du bassin de la Loire, que deux individus armés de bâtons avaient fait rebrousser chemin à quarante travailleurs qui allaient reprendre leurs travaux au puits prochain ! Que feront les citoyens désintéressés si les ouvriers ne savent pas se protéger eux-mêmes.

Il est une autre influence qui n'est pas moins hostile à la liberté du travail, c'est celle de l'*Association internationale* qu'il ne faut pas confondre avec les *Trades-unions* dont il sera question plus loin. — Ladite association ne vise à rien de moins qu'à centraliser la direction des ouvriers dans toutes les spécialités et dans le monde entier. On dit qu'elle appuie son mot d'ordre d'envois d'argent. Nous croyons au mot d'ordre mais peu aux espèces. Quand on calcule le manque à gagner d'une seule série d'ouvriers, seulement pendant une quinzaine de jours de repos ; quand on remarque que de nombreuses grèves éclatent simultanément dans plusieurs pays, on voit qu'il faudrait pour y suffire l'exploitation d'une Californie que l'association cosmopolite ne possède pas.

Il est vrai que certaines grèves sont quelquefois alimentées chez nous, par les ouvriers de l'Industrie similaire, dans chaque pays, mais l'intervention ne va pas, croyons-nous, au-delà. Nous répétons d'ailleurs que, partisan déclaré des associations ouvrières en chaque spécialité, nous repoussons énergiquement l'association omnipotente qui, sur un signe, un mot de quelques meneurs, pourrait bouleverser l'industrie et décréter les grèves, souvent contre l'avis des travailleurs eux-mêmes. On ne veut d'aucune espèce de tyran.

VI

DE CERTAINS EXPÉDIENTS PROPOSÉS EN VUE DES GRÈVES.

Nous abordons les réformes qui doivent mener les grèves à bonne fin, en attendant qu'elles les fassent disparaître complétement, par la mise sur pied d'égalité complète du travail et du capital.

Procédant par élimination, nous n'entendons point qu'on fasse retour à une loi prohibitive des coalitions.

L'ancienne législation, qu'on semble regretter, était injuste en ce sens que la coalition, défendue à tous, passait inaperçue chez les patrons qui traitaient de leurs intérêts sous le manteau de la cheminée, pendant qu'elle atteignait à tout coup les ouvriers qui, ne pouvant prendre une détermination qu'en grand nombre, au vu et au su de tout le monde, tombaient invariablement dans les griffes de la justice. Toile d'araignée pour les premiers, la loi devenait cage de fer pour les seconds. C'était une condamnation indirecte aux travaux forcés. Sans doute le retour au droit commun n'est pas sans inconvénient, mais les meilleures lois n'ont-elles pas leurs revers?

Il n'y a pas lieu non plus de faire intervenir la troupe, sans de graves motifs, pour remplacer les ouvriers en grève. On demeure d'accord que ses services peuvent être utilisés dans quelques industries primitives et indispensables pour la consommation journalière, comme la boulangerie; on convient que les récoltes pendantes réclament parfois des manœuvres de surérogation; mais que peut la troupe dans les industries qui réclament un apprentissage spécial? Nous ajoutons que recourir à ces aides, sauf le cas d'absolue nécessité, comme dans les exemples ci-dessus, ce serait fausser la balance et violer la loi sur les coalitions.

On a proposé la formation de chambres syndicales ouvrières. A notre sens, cela ne mènerait à rien. Aptes à donner des statistiques, les chambres ouvrières seraient impuisssantes en matière de salaire. Outre que le Pouvoir ne leur laisserait d'indépendance qu'à condition de faire de la conciliation, elles seraient tenues en suspicion par les ouvriers, qui les assaillant de leurs réclamations ne tarderaient pas à demander dans chaque corps d'état l'égalité des salaires. Où serait la sanction? Emettre des vœux ? Nos monuments publics regorgent de cartons à vœux.., Faire appel au gouvernement? Ce serait revenir au communisme par l'Etat.

On a parlé enfin de *Bourses du travail* ou de réunions à jours fixes pour le louage des ouvriers dans chaque industrie. Cette idée, qui est de Molinari contient peut-être, en germe, une excellente réforme, mais il n'est pas facile de la dégager de la spéculation pour la mettre en pratique. Ceux qui veulent travailler savent assez où frapper dans chaque spécialité. Nous ajoutons que s'il y a là une facilité incontestable de débattre les intérêts selon l'offre et la demande, cela ne peut empêcher les mécontentements et ni par conséquent proscrire les grèves.

VII

DES MOYENS EFFICACES DE PRÉVENIR LES GRÈVES.— *Candidatures ouvrières. Arbitrage. — Liberté absolue de réunion.*

Pour donner aux ouvriers un moyen régulier, efficace et permanent d'exprimer leurs besoins, de provoquer des réformes, d'ouvrir des enquêtes sur leur propre condition, il convient de faire place à quelques-uns dans les assemblées électives.

Il est étrange que les ouvriers, qui sont les plus nombreux, n'usent pas du suffrage universel pour se faire représenter au corps législatif par quelques-uns d'entre eux. Il est non moins étrange que nous ayons été presque seul dans la presse à prôner les candidatures ouvrières. Nous tenons ici la pierre de touche de l'inconscience que met le peuple dans l'usage de ses droits.

Nous avons hâte de dire pourtant que ce qui a fait échouer cette tentative, c'est que les promoteurs du mouvement se sont montrés d'ordinaire entachés de communisme.

Nous insistons sur ce point, que nous ne voyons pas en quoi quelque quinze ou vingt ouvriers de bonne réputation, honnêtes, capables, mettraient la société en péril, en entrant au Corps législatif. Nous les croyons très-aptes au contraire à fournir d'excellents renseignements et à dresser de ces statistiques qui sont des traits de lumière, comme dans leurs rapports sur l'exposition universelle de Londres. Qu'on ne se fasse pas illusion, le vent est aux réformes sociales, et pendant que le gouvernement reste indécis et la bourgeoisie expectante, l'impulsion qui vient des collectivités ouvrières peut prendre de grandes proportions.

. L'arbitrage d'une commission momentanée et composée de patrons et d'ouvriers a d'ordinaire un très-bon résultat. Voyez ce qui se passe en Angleterre!

En 1864, les entrepreneurs en bâtiment de Woïwœerhampton ayant en perspective une grève imminente, désignèrent six maîtres pour en délibérer avec un nombre égal d'ouvriers, sous la présidence d'un M. Kettce. L'accord se fit si aisément que « le président n'eut pas à voter une seule fois. » Les tarifs sont fixés pour un an. Il est remarquable que les ouvriers se font d'ordinaire représenter par des membres de l'*Union* qui prend sur elle de faire tenir les engagements. Il n'y a que de rares dissidents. La sécurité du salaire pour les ouvriers et d'une moyenne de frais de main-d'œuvre pour les patrons, permet d'entreprendre des travaux de longue haleine. Enfin, l'institution devenue à peu près permanente, s'est étendue rapidement aux industries similaires de Coventry, Worcester, Walsal, Staffordshire, etc.

M. Mandolla a fait de même pour l'industrie de la bonneterie à Nottingham. Les dix délégués ouvriers représentent plus de 20,000 personnes. « L'harmonie s'est établie d'une manière si complète que depuis sept ans aucune résolution du conseil n'a eu besoin d'être mise aux voix. »

En France même résultat. Les arbitres arrivent souvent à une solution favorable de la grève ; ils n'échoueraient jamais, s'ils étaient nommés par le suffrage librement exprimé dans les réunions publiques.

VIII

DE LA LIBERTÉ DE RÉUNION COMME EN AUTRICHE ET EN ANGLETERRE. — TRADES-UNIONS.

Il faut donc réclamer sans cesse ni répit, la refonte de la loi sur les réunions. Au lieu de légaliser la coalition, c'est-à-dire la guerre entre patrons et ouvriers, le gouvernement aurait dû, à notre avis, simplement rendre la liberté sur ce point. Le *Constitutionnel* a dit à ce propos, qu'on a ce droit en France pourvu qu'on n'y traite pas de politique ou d'économie sociale. Nous répondons qu'il est impossible de parler salaire sans faire de l'économie et même de la politique. Pour le surplus le *Constitutionnel* n'a pas, que nous sachions, effacé du code pénal l'article 291 que voici :

« Nulle association de plus de vingt personnes, dont le but sera de se réunir tous les jours ou à certains jours marqués pour s'occuper d'objets religieux, littéraires, politiques *ou autres*, ne pourra se former qu'avec l'agrément du gouvernement et sous les conditions qu'il plaira à l'autorité publique d'imposer à la société. »

A ce point de vue nous sommes des plus attardés. Des correspondances d'Autriche nous apprennent qu'une assemblée populaire qui a eu lieu à Vienne, n'ayant pu être tenue qu'à huis-clos, avait réuni plus de 6,000 adhérents; mais que la seconde ayant eu lieu en plein air, avait réuni plus de 20,000 ouvriers.

Ces lignes contiennent pour nous ce double enseignement :

1° Q'en Autriche, une réunion privée peut se former librement jusqu'à concurrence de 6,000 individus, pendant qu'en France quand 21 personnes se réunissent sans la permission du Préfet, on redoute de les voir monter à l'assaut d'un gouvernement défendu par douze cent mille fusils;

2° Que la présence de 20,000 ouvriers à heure fixe est la preuve que la question sociale du travail et des heures de salaire est également posée en Autriche.

On sait que les *Trades-unions*, caisses permanentes de chômage en Angleterre, vastes coalitions d'ouvriers, véritables machines de guerre industrielles, ont donné lieu, à la suite des crimes de Sheffield, à une enquête du parlement. C'est le résultat de cette enquête que relate un livre qui a pour titre : LES ASSOCIATIONS OUVRIÈRES EN ANGLETERRE (*Trades-unions*). Il est dû, paraît-il, à la plume d'un prince français (1).

____

(1) Ce livre a été attribué à tort ou à droit au comte de Paris.

Il est curieux assurément de s'enquérir d'abord de l'opinion de l'auteur, non-seulement sur la liberté de réunion qui est complète en Angleterre, mais sur *Trades-unions* que notre presse officielle a unanimement vouées à l'exécration.

« Le principal grief contre ces associations, dit-il, est tiré des nombreuses grèves auxquelles elles sont mêlées. C'est à peu près comme si l'on disait que l'invention de la poudre est la cause de nos guerres. En introduisant dans ces luttes une tactique plus habile, elles en ont certainement augmenté la gravité, mais elles ne les ont pas rendues beaucoup plus fréquentes. Elles ont plus d'une fois, en cherchant à conquérir leur place dans l'ordre social, dépassé les limites de leur légitime influence ; mais cette place conquise, elles peuvent un jour devenir à la fois un élément de force productive et un gage sérieux de concorde.

« Ne peut-on pas trouver dans ces associations mêmes une garantie efficace contre le retour de ces luttes industrielles qui nous rappellent le duel japonais, où chacun des deux adversaires est obligé de se donner la mort de sa propre main ? »

L'auteur conclut que le moment est venu pour la classe la plus nombreuse d'organiser de puissantes coalitions en vue de revendiquer la part qui lui revient dans la production générale.

Nous voilà bien loin du régime économique de

notre gouvernement qui, tout en rendant le droit
de coalition aux ouvriers, leur refuse encore le droit
de s'associer et l'organisation de simples caisses
de secours en cas de grève.

Revenant à la liberté qui fait l'objet de ce chapitre,
ne semble-t il pas que, si les réunions pouvaient se
former librement, les ouvriers d'un corps d'état quelconque, avant de cesser leur travail, entameraient
des discussions intéressantes à tous égards, où chacun
ferait valoir les raisons pour ou contre l'opportunité
de la grève? Ne voit-on pas que les patrons qui
seraient présents, après avoir motivé leur résis-
tance, peut-être sur la hausse de la matière première,
la pénurie du débouché, l'augmentation des frais
généraux autres que le salaire, se montreraient
prêts à un accommodement, sauf à tempérer les
prétentions excessives; et que tous, dans la crainte
de la cessation du travail qui leur est également
préjudiciable, viendraient à composition sans désemparer ?

En attendant que la loi soit modifiée, — puisque
le gouvernement se croit ébranlé dans sa base dès
que l'on fait de l'économie politique en 'plein vent,
— qu'on se réunisse avec l'autorisation préalable;
nous estimons, sauf meilleur avis, qu'on évitera
les neuf dixièmes des grèves.

IX

SOLUTION DU PROBLÈME SOCIAL DES COALITIONS OUVRIÈRES.

Ce que nous avons dit jusqu'ici doit être considéré comme une meilleure hygiène pour empêcher les maladies ; nous arrivons au moyen de les terminer promptement.

Quel doit être le résultat de la grève ou plutôt des grèves? cette question, qui est très-complexe assurément, nous semble cependant susceptible d'une solution générale, qui est la *participation* aux bénéfices. Nous avons démontré souvent que la collectivité est une force économique, en d'autres termes que cent ouvriers réunis font plus, dans certains travaux, que deux cents individus isolés dans le même espace de temps. C'est dire qu'en outre du paiement de son salaire , il n'est pas exorbitant que l'ouvrier ait une autre rémunération.

De là vient l'aphorisme des maîtres en économie politique « que tout travail, outre le salaire, doit « laisser un excédant. »

On dit, il est vrai, que les ouvriers associés aux bénéfices devraient participer aux pertes. Cette objection n'est que spécieuse. Tout d'abord, une industrie qui offre des pertes se liquide et le personnel est éconduit;

en second lieu, la participation ne s'étend, bien entendu, qu'à une part limitée.

Le livre que nous citons plus haut donne, à ce propos, deux exemples remarquables à tous égards empruntés à l'enquête des Anglais.

Un M. Brigge, directeur de houillères, valant environ 90,000 livres sterling (2,250,000 fr.), résolut de créer une société en commandite et d'y faire participer les travailleurs ; à cet effet, 9,000 actions de 10 livres sterling chacune (250 fr.) furent créées. Les anciens directeurs en conservèrent les deux tiers ; les 3,000 restantes furent offertes aux mineurs et au public. Mais comme beaucoup d'ouvriers n'avaient pas 250 fr. à l'épargne, on décida qu'après avoir prélevé sur les recettes un intérêt de 10 p. 100, de tous les bénéfices excédants, la moitié ferait retour aux ouvriers. Tout alla à souhait. En 1867, le bénéfice net a été de 510,425 fr., sur lesquels, outre le salaire et les dividendes, on a mis en réserve 200,000 fr. pour être répartis aux ouvriers dans les mauvaises années. L'Union a pris part à l'arrangement et depuis lors, bien entendu, il n'y a plus de grève de ce côté.

Le second exemple est une société agricole, et à ce point de vue mérite d'autant plus l'attention que chez nous on en est encore à se demander si les ouvriers des champs sont susceptibles d'une association quelconque.

Aux environs d'Assington, près de Norfolk, un M. Gurdon, vers 1830, ayant affermé 27 hectares environ de terres médiocres, essaya de les exploiter en société coopérative. Chaque associé mit en commun une somme de 75 francs. M. Gurdon fit l'avance de 10,000 francs, — La ferme ne peut occuper que des actionnaires. Un ouvrier choisi la dirige moyennant un supplément de salaire de 1 fr.25 par semaine. L'association a tellement prospéré que les 10.000 fr. du capital social ont été remboursés à M. Gurdon et que les ouvriers sont devenus co-propriétaires d'une ferme ayant six chevaux, quatre vaches, cent dix moutons et une trentaine de porcs. Ses actions, qui étaient de 75 fr., valent aujourd'hui 1,250 francs !...

Ce qui se passe en France n'est pas moins digne d'attention. Voyez par exemple, comment se comporte la compagnie d'Orléans à l'égard de ses employés. S'il n'y a pas participation directe aux bénéfices de l'exploitation, la compagnie procure aux ouvriers les avantages de l'association : achats en gros sur les lieux de production et dans les ports, des objets de consommation, — logements à prix réduits, écoles, secours aux malades.

Nous connaissons dans plusieurs villes industrielles, et notamment à Lyon, des maisons de premier ordre où les employés deviennent tous associés avec le temps. Ils reçoivent un salaire moyen, et l'excédant fait en intérêts la boule de neige. Nous pourrions citer tels employés qui, après vingt ou vingt-cinq ans, quittent la maison avec cinquante à cent mille francs.

On dit que ce sont là des exceptions. Nous répondrons en montrant de très-nombreuses industries qui n'ont jamais vu de grèves. Quel en est le motif? Il n'y a pas de coalition quand tout le monde est content, et si quelques-uns l'entreprenaient, ils auraient contre eux non-seulement les patrons, mais tous les ouvriers participants. Or, nous l'avons dit, une grève qui n'est pas unanime est une grève qui s'en va en charpie. Du reste, la participation offre vingt combinaisons différentes qui toutes assurent l'industrie contre les coalitions, le vol, le dol et la fainéantise. C'est la ruche en travail (*b*).

X

DU MEILLEUR PRÉSERVATIF DES COALITIONS INDUSTRIELLES.

Encore un mot avant de finir sur le meilleur préservatif des grèves, parce qu'il les résume tous.

Nous avons nommé l'instruction économique. Nous croyons avoir dit ailleurs que le gouvernement qui offrirait un million avec croix, rubans, à l'auteur du meilleur catéchisme d'économie sociale, s'honorerait tout en rendant à la société le plus signalé service.

Ce catéchisme serait enseigné à tous les citoyens depuis l'élève des écoles primaires jusqu'aux ministres et par delà.

Il apprendrait aux patrons que la condition de l'ouvrier est trop précaire ; aux ouvriers que le changement des salaires ne dépend pas uniquement de la volonté du patron, mais des circonstances générales ; au gouvernement que le malaise des industries et l'insuffisance des salaires ont pour cause la progression incessante des impôts ; — à tous, que sans dignité personnelle, sans liberté politique, sans solidarité patriotique, la coalition se généralisant dans l'industrie, mène droit à la guerre civile dans la rue.

J. PALLE.

(a) « Loin d'interdire les associations créées dans le but spécial de régler les rapports du capital et du travail, nous pensons qu'il eût mieux valu les encourager : tout porte à croire que c'est le seul moyen de faire disparaître les grèves et les coalitions. »

(Gazette de France du 23 janvier.)

(b) La participation aux bénéfices n'a rien d'absolu. Il est évident que dans les industries employant beaucoup d'ouvriers, qui changent fréquemment de place, elle ne peut se traduire que par une prime donnée de la main à la main aux plus méritants. Mais alors le salaire doit être suffisant pour que l'ouvrier puisse vivre, prendre part aux sociétés de secours mutuels et réaliser quelques épargnes.

(Note *C*)

J'ai dit dans la préface de cette brochure que plusieurs chefs d'industrie n'ont pas hésité à faire distribuer LA FIN DES GRÈVES à leurs ouvriers. Une des plus importantes maisons que nous ayons en France, nous écrit à ce sujet :

A M. J. Palle, à Lyon,

. . . .

« La question sociale prime tout aujourd'hui, et tous les esprits sérieux cherchent à la fois une solution.

« Votre brochure, Monsieur, a le mérite de l'indiquer, en plaçant toutes choses sur le terrain pratique.

« Vos principes, sous la libérale et intelligente direction des trois chefs de notre maison et notamment sous celle de M. J. Perret, député du Rhône, ont produit aux mines de SAIN-BEL et de CHESSY des résultats merveilleux, bien que nous occupions plus de 2,000 ouvriers, nous n'avons jamais eu de grèves ni aucun démêlé avec nos ouvriers...

« Agréez, etc.

M***,

de la maison PERRET FRÈRES et OLIVIER,
rue St-Denis, Paris.

TABLE

Impr. Vᵉ Chanoine, Lyon.